42

Lb &c. 1427

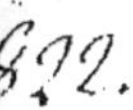

RAPPORT

AU DIRECTOIRE EXÉCUTIF.

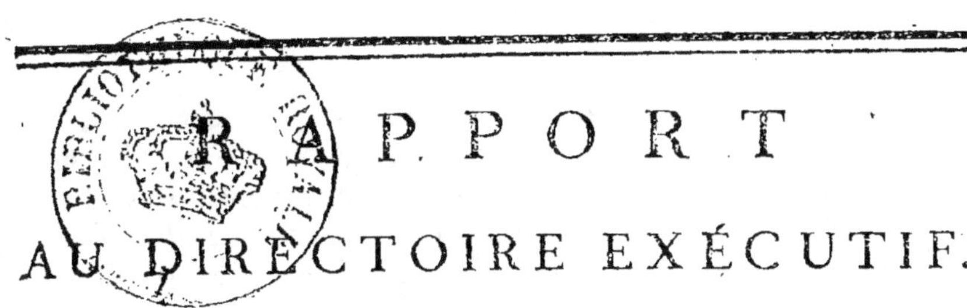

Du 30 Prairial, an V de la République une et indivisible.

CITOYENS DIRECTEURS,

En me remettant, le 18 de ce mois, des pièces relatives à votre arrêté du 3 pluviôse an IV, portant nomination de trois administrateurs du département de la Lozère en remplacement des citoyens *Eymar*, *Lavalette* et *Balois-Duluc*, vous m'avez chargé de les examiner, et de vous en faire un rapport *sous le point de vue légal.*

Mon rapport, citoyens Directeurs, ne consistera que dans l'exposé des faits : et les voici.

L'assemblée électorale du département de la Lozère de l'an IV avait nommé pour administrateurs de ce département, les citoyens *Lozereau*, *Paradan*, *Eymar*, *Lavalette* et *Balois-Duluc.*

Les citoyens *Eymar* et *Lavalette*, se trouvant frappés par l'article II de la loi du 3 brumaire an IV, donnèrent leur démission.

Le citoyen *Balois-Duluc* déclara ne point accepter.

Ainsi, l'administration centrale se trouva réduite à deux membres, les citoyens *Paradan* et *Lozereau.*

Le 12 brumaire an IV, ces deux citoyens, s'étayant de l'article 188 de l'acte constitutionnel, nommèrent, pour compléter l'administration, les citoyens *Levereau*, *Sevene* et *Reboul.*

De votre côté, citoyens Directeurs, vous prîtes, le 3 pluviôse suivant, un arrêté par lequel, vous appuyant sur l'article V de la loi du 3 brumaire an IV

A

et sur l'article XVI de la loi du 21 fructidor an III, vous nommâtes vous-mêmes aux trois places d'administrateurs que la démission des citoyens *Eymar* et *Lavalette* et la non-acceptation du citoyen *Balois-Dulut* avaient rendues vacantes dans l'administration du département de la Lozère.

Ces diverses nominations engagèrent une lutte qui fut soumise au Conseil des Cinq-cents.

Le Conseil des Cinq-cents chargea une commission de lui faire un rapport sur les lois respectivement réclamées pour valider les nominations dont il s'agissait.

Le 18 prairial an IV, cette commission fit son rapport, et proposa un projet de résolution portant que « le » Directoire exécutif n'a le droit de nommer des admi- » nistrateurs provisoires, soit de département, soit de » canton, que dans le cas où une administration a perdu » tous les membres qui la composaient. »

Il paraît qu'à la lecture de ce rapport, vous sentîtes qu'il était susceptible de plusieurs observations, et que vous rédigeâtes, à ce sujet, un projet de message qui fait partie des pièces que vous m'avez remises, et que je joins ici.

J'ai pensé, du premier abord, que ce message avait été, dans le temps, adressé au Corps législatif; mais bientôt j'ai été détrompé par des notes dans lesquelles j'ai vu,

Que deux membres de la commission, les citoyens *Daunou* et *Barailon*, s'étaient rendus au Directoire exécutif pour conférer sur cette affaire ;

Que le projet de message leur avait été lu ;

Qu'ils avaient paru pénétrés de la solidité des observations qui y sont développées ;

Qu'ils avaient cependant annoncé qu'il était inutile de l'envoyer au Corps législatif; qu'il suffisait de leur en remettre une copie (ce qui fut exécuté), et que la commission ferait un nouveau rapport qui embrasserait toutes les questions posées.

Il paraît, citoyens Directeurs, que le nouveau rapport ne fut point fait, et que la commission, perdant de vue ce qui avait été convenu entre deux de ses membres et vous, se borna à donner, les 1.ᵉʳ messidor an IV et 18 prairial an V, les deuxième et troisième lectures du projet de résolution qu'elle avait présenté le 18 prairial an IV.

Ce qu'il y a de certain, c'est que ce projet de résolution a été adopté par le Conseil des Cinq-cents immédiatement après la troisième lecture dont je viens de parler, et qu'il est actuellement soumis à l'approbation du Conseil des Anciens.

Voilà, citoyens Directeurs, tout ce que m'ont appris les pièces que vous m'avez remises le 18 de ce mois : dans l'état où se trouve l'affaire qu'elles ont pour objet, je crois n'avoir rien à vous proposer en conséquence de l'examen que j'en ai fait.

Le Ministre de la justice, signé MERLIN.

PROJET DE MESSAGE

Énoncé dans le Rapport ci-dessus.

CITOYENS LÉGISLATEURS,

LE Directoire exécutif n'est pas avide de nominations ; elles sont pour lui un fardeau pesant ; et de tous ses devoirs, celui de faire de bons choix est sans contredit un des plus difficiles à remplir : aussi aurait-il gardé le silence sur la déclaration proposée par la commission chargée de l'examen de la difficulté relative à la composition de l'administration centrale de la Lozère, si cette déclaration, qui doit résoudre la difficulté, atteignait son but, et si la doctrine sur laquelle on la base ne tirait pas à des conséquences qu'il est essentiel de présenter au Corps législatif pour connaître ses intentions positives sur les questions qui peuvent en découler.

La commission propose de faire déclarer par le Corps législatif, que « le Directoire exécutif n'a le droit de » nommer des administrateurs provisoires, soit de dépar-» tement, soit de canton, que dans le cas où une ad-» ministration a perdu tous ses membres ».

Il sera facile de prouver que cette déclaration serait inexacte, qu'elle est diamétralement contraire à la loi du 3 brumaire, qu'elle ne résout pas la difficulté, que quand deux membres d'administration auraient pu délibérer et faire des nominations, ils n'auraient pu faire celles qu'ils se sont attribuées, et qu'ainsi il faudrait toujours en revenir à décider qui pourrait les faire.

La Constitution, qui renferme des principes et des bases, n'a pas pu prévoir tous les cas; elle a prévu celui de la destitution des cinq membres d'une administration, et elle a pourvu à leur remplacement par l'article 198; elle a prévu qu'une administration départementale ou municipale complétement organisée pourrait perdre un ou plusieurs de ses membres; l'article 188 dit que, dans ce cas, les administrateurs restans peuvent s'adjoindre en remplacement des *administrateurs* temporaires.

Mais il s'est présenté et il peut se présenter encore plusieurs autres cas, non-seulement de remplacement, mais encore de complétement, ou plutôt de nomination directe, non prévus par les articles 188 et 198.

Il y a celui où tous les membres d'une administration se seraient démis de leurs fonctions : il a fallu pourvoir à leur remplacement; et c'est ce qu'a fait, mais pour cette année seulement, la loi du 22 ventôse, citée par la commission.

Il peut y avoir le cas où tous les membres d'une administration n'auraient été ni destitués ni démis, mais auraient été en partie destitués, en partie démis, et seraient en partie décédés, de manière cependant que le résultat serait qu'il n'existe plus de membres d'administration : la déclaration que propose la commission pourvoirait à ce cas.

Il pourrait y avoir le cas où l'assemblée électorale aurait été dissoute de plein droit, conformément à l'article 36 de la Constitution, sans avoir achevé ses nominations, et sans avoir procédé à celle d'administrateurs de département, dans le délai des dix jours fixés pour toutes ses élections : la loi du 25 brumaire an IV y a pourvu pour cette année. (On observe, en passant, que cette loi rend déjà la déclaration proposée inexacte, puisqu'elle accorde au Directoire exécutif la nomination dans un cas autre que celui où une administration a perdu tous ses membres.)

Il peut y avoir le cas qu'une nomination d'administration centrale, faite par un corps électoral; qu'une nomination de président d'administration municipale, faite par une assemblée primaire; qu'une, plusieurs ou toutes les nominations d'administrations municipales, faites par des assemblées communales, fussent déclarées nulles : qui nommera en ces différens cas? la Constitution n'y a pas pourvu. Des cas pareils ou approchans sont, dit-on, actuellement soumis au Corps législatif.

Il peut y avoir le cas où un ou plusieurs membres nommés par une assemblée électorale ou primaire, n'acceptent pas : l'article 188 n'a pas prévu ce cas; car cet article ne parle positivement que du cas où une administration a *perdu* un ou plusieurs de ses membres. On ne peut perdre que ce qu'on a eu : le citoyen *Dubois-Duluc*, n'ayant pas accepté, n'a jamais fait partie de l'administration centrale de la Lozère; cette administration ne l'avait donc pas perdu. Deux membres de cette administration ont cru néanmoins pouvoir, non pas le remplacer, mais nommer en vertu de l'article 188, qui n'a pas prévu le cas, et qui ne parle que du cas où une administration a perdu un de ses membres.

Il y a le cas où une assemblée aurait nommé des inéligibles : ce cas rentre dans celui de la loi du 3 brumaire; aucun article de la Constitution ne le décidait. L'art. V de la loi du mois de brumaire a chargé textuellement le Directoire exécutif de pourvoir *sans aucun délai, en ce qui le concernait,* au remplacement de ceux qu'elle avait déclarés inéligibles, et auxquels elle avait, en conséquence, enjoint de se retirer sous les peines portées en l'article III; et c'est en vertu de cet article que le

Directoire exécutif a remplacé non-seulement les deux membres de l'administration centrale de la Lozère inéligibles, qui avaient été obligés de se retirer, mais encore tous les autres citoyens qui, nommés à des administrations, étaient censés n'en avoir jamais fait partie ou dû faire partie, puisqu'ils étaient frappés d'inéligibilité, aux termes de la loi du 3 brumaire.

D'après le rapport de la commission, toutes ces nominations, faites d'après un texte précis d'une loi et dans un cas non prévu par la Constitution, seraient cependant nulles. Selon ce rapport, l'article V de la loi du 3 brumaire ne semble pas très-décisif, puisqu'il y est dit simplement que le Directoire exécutif pourvoira, *en ce qui le concerne*, au remplacement des fonctionnaires qui seront dans le cas de se retirer : ces mots, *en ce qui le concerne*, sont évidemment (suivant le rapport) un renvoi à la Constitution, et font assez voir que l'on ne voulait ni étendre ni modifier d'aucune manière les dispositions relatives aux choix à faire par le Directoire. On lui enjoint (continue-t-il) de faire usage des droits qu'il possède, mais sans rien ajouter à ces droits, et même sans expliquer en quoi ils consistent. La question reste donc toute entière, et ce n'est point par un tel article qu'elle pourrait être éclaircie.

Mais si l'on se reporte, l'on ne dit pas aux circonstances de la loi du 3 brumaire, mais seulement à la date de cette loi, on verra qu'il est impossible d'en convertir l'article V en un simple renvoi à la Constitution. Qu'on lise le rapport relatif à la loi du 3 brumaire ; il n'était question de rien moins que de renouveler les corps électoraux, ou de diminuer le péril éminent que courait la Constitution par des choix faits dans des circonstances et par des manœuvres dont on ne doit pas facilement perdre la mémoire.

Plusieurs administrations entre autres avaient été peuplées soit d'ennemis déclarés de la révolution et de la Constitution, soit de sujets qui, par intérêt personnel ou des affections privées, en étaient présumés les ennemis

et nourrir dans leur sein des opinions contraires à celles
des dispositions de la Constitution, qui défendaient de
toucher aux mesures légales, sévères et justes, prises
contre les émigrés, ces ennemis éternels et acharnés de
la République.

Dès qu'on ne voulait pas rassembler de nouveaux
corps électoraux, il fallait nécessairement frapper d'inéligibilité tous ces ennemis ouverts ou présumés de l'ordre
de choses qui devait s'établir et se consolider : c'est le
parti que la Convention nationale prit par la loi du 3
brumaire ; et l'expérience journalière prouve qu'elle a
sauvé la République. Cependant les administrations qu'il
était le plus pressant d'organiser, pouvant devenir incom-
plètes par l'effet de cette mesure, la Constitution n'ayant
pas prévu le mode de remplacement, en ce cas il était
naturel et conséquent de confier le soin du remplacement plutôt au Directoire exécutif qu'à des membres
restans d'administration, choisis par les mêmes corps
électoraux que ceux qui étaient obligés de se retirer ;
et c'est ce qu'a fait la Convention par l'article V de la
loi du 3 brumaire, en chargeant le Directoire exécutif
de pourvoir *sans aucun délai, en ce qui le concerne*, au
remplacement de ceux qui seraient dans le cas de se
retirer. Or, à moins que ces mots *en ce qui le concerne*, ne
dussent rien signifier, la loi ne pouvait entendre parler que
des administrations. Le représentant du peuple *Dumolard*,
dans son discours du 22 brumaire, établit clairement que
les administrateurs ne sont que les agens secondaires du
Gouvernement ; et la commission, dans son rapport, con-
vient aussi que les administrations locales sont essentielle-
ment subordonnées au Directoire exécutif : c'est donc des
administrations que la loi a voulu parler, lorsqu'elle a chargé
le Directoire exécutif de pourvoir au remplacement en
ce qui le concernait, sans quoi tout l'article serait vide
de sens et sans objet. S'il n'était, comme on le dit aujourd'hui, qu'un renvoi à la Constitution, il est évident
qu'il faudrait tout uniment le rayer ; car, d'après le rapport
même de la commission, le Directoire exécutif, selon

la Constitution, ne devait remplacer que dans le seul cas de la destitution faite par lui de tous les cinq membres d'une administration départementale. Or, à l'époque du 3 brumaire, le Directoire, qui n'existait pas, n'avait pas encore pu faire de destitution pareille ; ainsi il n'y aurait eu aucun remplacement à faire : d'où il résulte qu'en disant que l'article V, en chargeant le Directoire exécutif de pourvoir sans délai, *en ce qui le concerne*, au remplacement de ceux qui seraient dans le cas de se retirer, n'aurait cependant rien dit , et ne l'aurait chargé d'aucun remplacement. Il devait, selon l'article, remplacer non pas les administrations totales, qu'il n'avait pu encore destituer, mais *ceux qui devaient se retirer ;* et on lui répond : Point du tout ; il ne devait rien remplacer puisque rien ne le concernait que le cas d'une destitution faite par lui, et que ce cas n'avait pu encore exister, et qu'ainsi le charger de remplacer, *en ce qui le concernait,* les fonctionnaires qui étaient dans le cas de se retirer par l'effet de la loi du 3 brumaire, c'était ne le charger de rien, absolument de rien ! ..... L'on ne fait pas attention qu'en interprétant ainsi la loi du 3 brumaire, il vaudrait autant dire : Le Directoire exécutif a eu tort de penser que l'article V le chargeait de devoirs à remplir, que cet article signifiait quelque chose ; il ne signifiait rien ; il a eu tort de l'exécuter ; toutes les nominations qu'il a faites en conséquence, sont nulles : il faut non-seulement rapporter la loi ; mais en écartant cet article comme s'il n'existait pas, donner au rapport de la loi un effet rétroactif.

Si telle est aujourd'hui la volonté du Corps législatif, au moins qu'il la manifeste nettement ; car tant qu'il ne se sera pas expliqué positivement sur ce point, le Directoire exécutif maintiendra toutes les nominations qu'il a faites en vertu de l'article V de la loi du 3 brumaire. Eh ! comment le Corps législatif pourrait-il espérer que ses lois seront exécutées, si, après leur exécution, on pouvait venir dire : Vous avez cru que cette loi signifiait quelque chose ; vous vous trompez , elle ne signifiait rien !

Ces lois ne deviendraient pour le Directoire exécutif que des piéges, et seraient pour lui une source d'humiliation, et le prétexte d'insubordination pour tous les ennemis du Gouvernement et de la chose publique.

Le Directoire exécutif croit avoir suffisamment démontré que quand *deux* membres de l'administration centrale de la Lozère auraient pu délibérer, ils n'auraient pas pu pour cela nommer à la place non remplie de celui qui, n'ayant pas accepté, n'avait jamais été membre de l'administration, non plus qu'aux places de ceux qui, forcés de se retirer par l'effet de la loi du 3 brumaire, étaient censés n'avoir jamais fait partie de l'administration.

Et quoiqu'au moyen de cette démonstration, la question de savoir si deux membres d'une administration centrale peuvent faire des nominations et délibérer, ne puisse avoir aucune influence dans le cas particulier, le Directoire exécutif ne peut cependant se dispenser d'entrer dans cette discussion, puisque la commission, en écartant la loi du 3 brumaire, paraît en avoir fait la base de son rapport.

Parce qu'il a plu à deux membres d'administration de laisser ignorer qu'il manquait trois membres pour lui donner de l'activité, la commission craint qu'en donnant à l'article XVI de la loi du 21 fructidor an III une interprétation qu'elle appelle *trop rigoureuse*, il n'y ait des lacunes d'un ou deux mois dans les administrations centrales, qui paralyseraient l'exécution des lois les plus urgentes, et, dans des circonstances plus ou moins critiques, priveraient le Gouvernement lui-même des instrumens et des points d'appui que la Constitution lui donne. Comme si ce cas pouvait être fréquent ; comme si le Directoire ne pouvait y pourvoir d'un courrier à l'autre, en nommant, sinon tous les membres manquans, au moins le nombre nécessaire pour mettre l'administration en activité ; et comme si enfin il ne pouvait y être pourvu avec la même rapidité, et dans le délai qu'emporte forcément l'envoi même des lois qui doivent être exécutées ! C'est cependant cette crainte d'interruption momentanée de service, qui paraît avoir tellement frappé la commission, qu'elle s'est laissé entraîner jusqu'à dire qu'au lieu du sens que le texte de la loi offre de lui-même, il serait plus naturel de penser que le seul but, le seul sens de l'article cité par le Directoire, est, d'une part, d'exiger l'assiduité de la majorité des administrateurs, et de l'autre d'empêcher le plus petit nombre d'entre eux de profiter d'une absence momentanée du plus grand pour prendre des délibérations importantes. N'est-il pas enfin permis de croire, a-t-elle ajouté, que, lorsque cet article ordonne, pour qu'une délibération soit valable, le concours de la moitié plus un des membres de l'administration, la majorité absolue qu'il demande est celle des membres dont l'administration se trouve actuellement composée, et que tout ce qu'il interdit, c'est de délibérer dans l'absence de la moitié des membres qui ont le droit d'être présens ?

Le Directoire exécutif n'opposera à ce commentaire que le texte de la loi, article XVI :

« Nulle délibération ne sera prise qu'à la *pluralité des*
» *suffrages* des membres présens, et ne sera valable que
» lorsque la moitié *plus un* des membres de l'adminis-
» tration y aura concouru. »

Qu'on nous dise donc comment il peut y avoir moitié *plus un* des membres d'une administration centrale, lorsqu'il n'en reste que *deux* !

Qu'on nous dise comment il peut y avoir *pluralité* de suffrages, lorsqu'il n'y a que deux membres !

Qu'on nous dise quel peut être le résultat d'une délibération *à deux*, lorsque l'un est d'un avis et l'autre de l'autre !

Tant qu'on n'aura pas répondu à ces questions, le Directoire exécutif, fondé sur un texte de loi aussi clair, aussi précis, cassera toutes les délibérations d'aministrations centrales qui ne seront prises que par *deux* membres.

Pour étayer cependant la nomination faite par les deux membres de l'administration centrale de la Lozère, l'on dit que si on avait voulu, par l'article 188 de la Constitution, que les administrateurs restans fussent moitié plus un pour nommer, on n'aurait pas supposé le cas d'une administration qui perdrait un ou *plusieurs* de ses membres; on aurait restreint le cas de la perte d'un ou de deux membres. Mais l'on n'a pas fait attention que l'article 188, parlant tant des administrations centrales que des administrations municipales, ne pouvait pas se servir des termes *un* ou *deux*, mais était obligé de se servir du terme de *plusieurs*; puisqu'il y a des administrations municipales qui, à la différence des administrations centrales, qui n'ont que cinq membres, sont composées d'un nombre de membres bien supérieur : il y en a qui en ont jusqu'à neuf.

Reste donc toujours la question de savoir comment il peut y avoir délibération dans une administration centrale réduite à deux membres, lorsqu'il faut moitié plus un des membres d'une administration, pour pouvoir délibérer.

En vain dirait-on, pour éluder des argumens aussi pressans, qu'une nomination n'est pas une délibération. Les deux membres de l'administration de la Lozère, tout en disant que l'administration étant réduite à deux membres n'avait plus d'existence politique, convenaient cependant que leur nomination était une délibération. Il faudrait donc que le Corps législatif prononçât nettement tout le contraire, et s'écartât ainsi de tout le système de la Constitution ; car tout le système est délibérant : rien ne doit être le résultat d'une volonté individuelle, isolée et arbitraire ; tout doit être le résultat de la pluralité des suffrages et d'une délibération régulière et prise en nombre suffisant, déterminé par la loi. Le Directoire exécutif a déjà observé qu'il résulterait du système opposé, que si deux membres d'administration pouvaient nommer, un seul le pourrait de même, au mépris de tous les textes de la Constitution et des lois; et cette prétention vient déjà de se manifester. Le Directoire avait prononcé la destitution de l'administration centrale du *Lot* : dans l'intervalle de la destitution à sa notification, quatre

de ses membres, au mépris de l'article V de la loi du
brumaire, s'étaient adjoint le citoyen *Calixte Cachia*, e
place du citoyen *Fontenelle*, qui avait été obligé de s
retirer par l'effet de la loi du 3 brumaire. Eh bien! c'es
cet adjoint qui se dit non compris dans la destitution
et qui, s'étayant du rapport de la commission, prétend
renverser les remplacemens faits par le Directoire exé
cutif de l'administration destituée, et se donner quatre
coopérateurs pour former l'administration : s'il les nom
me au scrutin secret, le dépouillement n'en sera pas
difficile. C'est cependant, citoyens Législateurs, à la
faveur de subtilités pareilles, qu'on marche à grands pas
à l'indépendance des administrations centrales, et qu'on
risque de compromettre et de rompre cette unité pré
cieuse sur laquelle repose le salut de la République.

Au reste, citoyens Législateurs, quelque détermina
tion que vous puissiez prendre sur le sens qu'on veu
donner à l'article XVI de la loi du 21 fructidor an III, ou
plutôt sur les différentes questions qui peuvent découle
de l'exécution de cette loi, il restera toujours pour cons
tant que les deux administrateurs restans du département
de la Lozère ne pouvaient nommer ni en place du
citoyen qui n'avait jamais fait partie de l'administration, ni
en place de ceux qui sont censés n'en avoir jamais fait partie
et ont été remplacés par le Directoire exécutif en vertu
de l'article V de la loi du 3 brumaire ; qu'ainsi la récla
mation dont on a saisi le Corps législatif sous le nom de
ces deux administrateurs (dont l'un a quitté même depuis
l'administration), est destituée de tout fondement.

Le Directoire exécutif a cru ne pouvoir se dispenser
de vous présenter les conséquences effrayantes qui pour
raient résulter de l'adoption du projet de résolution, de
vous inviter à les peser dans votre sagesse et à les
prendre en prompte considération.

À PARIS, DE L'IMPRIMERIE DE LA RÉPUBLIQUE.
Messidor an V.

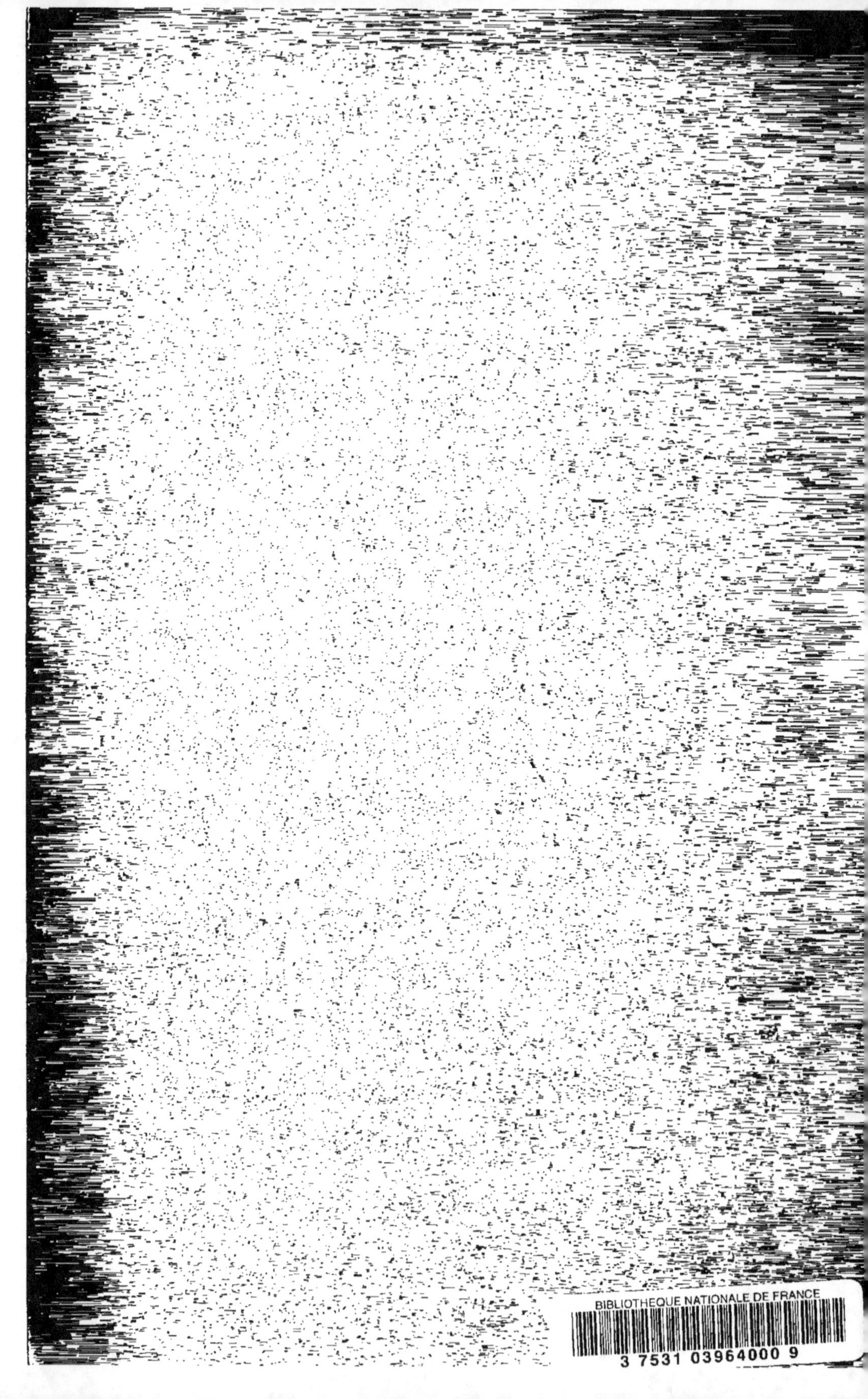

www.ingramcontent.com/pod-product-compliance
Lightning Source LLC
LaVergne TN
LVHW050252030726
842520LV00006B/2331